BEI GRIN MACHT SICH IHR WISSEN BEZAHLT

- Wir veröffentlichen Ihre Hausarbeit, Bachelor- und Masterarbeit

- Ihr eigenes eBook und Buch - weltweit in allen wichtigen Shops

- Verdienen Sie an jedem Verkauf

Jetzt bei www.GRIN.com hochladen und kostenlos publizieren

Bibliografische Information der Deutschen Nationalbibliothek:

Die Deutsche Bibliothek verzeichnet diese Publikation in der Deutschen Nationalbibliografie; detaillierte bibliografische Daten sind im Internet über http://dnb.d-nb.de/ abrufbar.

Dieses Werk sowie alle darin enthaltenen einzelnen Beiträge und Abbildungen sind urheberrechtlich geschützt. Jede Verwertung, die nicht ausdrücklich vom Urheberrechtsschutz zugelassen ist, bedarf der vorherigen Zustimmung des Verlages. Das gilt insbesondere für Vervielfältigungen, Bearbeitungen, Übersetzungen, Mikroverfilmungen, Auswertungen durch Datenbanken und für die Einspeicherung und Verarbeitung in elektronische Systeme. Alle Rechte, auch die des auszugsweisen Nachdrucks, der fotomechanischen Wiedergabe (einschließlich Mikrokopie) sowie der Auswertung durch Datenbanken oder ähnliche Einrichtungen, vorbehalten.

Impressum:

Copyright © 2016 GRIN Verlag
Druck und Bindung: Books on Demand GmbH, Norderstedt Germany
ISBN: 9783668681880

Dieses Buch bei GRIN:

https://www.grin.com/document/419471

Frank Pavlon

Tiefenpsychologie im wirtschaftlichen Kontext

Anwendung auf verschiedene Fragestellungen wie Produkte, Unternehmen oder Aktienmärkte

GRIN Verlag

GRIN - Your knowledge has value

Der GRIN Verlag publiziert seit 1998 wissenschaftliche Arbeiten von Studenten, Hochschullehrern und anderen Akademikern als eBook und gedrucktes Buch. Die Verlagswebsite www.grin.com ist die ideale Plattform zur Veröffentlichung von Hausarbeiten, Abschlussarbeiten, wissenschaftlichen Aufsätzen, Dissertationen und Fachbüchern.

Besuchen Sie uns im Internet:

http://www.grin.com/

http://www.facebook.com/grincom

http://www.twitter.com/grin_com

Tiefenpsychologie im wirtschaftlichen Kontext

Frank Pavlon

In dieser Arbeit werden tiefenpsychologische Modelle und Annahmen auf praktische Fragestellungen exemplarisch angewendet.

Inhaltsverzeichnis

1. Einleitung..S.1
    1.1 Zielsetzung..S.1
    1.2 Vorgehensweise..S.1
    1.3 Abgrenzung...S.1
2. Die tiefenpsychologische Analyse...S.2
    2.1 Psychoanalyse..S.2
    2.2 Analytische Psychologie..S.3
    2.3 Individualpsychologie..S.3
3. Praktische Relevanz im wirtschaftlichen Kontext.............................S.3
    3.1 Finanzmärkte..S.4
    3.2 Sozialverhalten in Unternehmen...S.4
    3.3 Unternehmen und Produkte..S.5
4. Fazit...S.7
5. Literaturverzeichnis..S.8

Es ist leichter, zum Mars vorzudringen,
als zu sich selbst. (Carl Gustav Jung)

1. Einleitung

Die Psychologie ist die Wissenschaft, die das Wahrnehmen, Verhalten und Erleben zum Gegenstand ihrer Forschung hat. Der Bereich der Psychologie, der die unbewussten Bereiche als elementar zur Erklärung ansieht, die Tiefenpsychologie, ist Gegenstand dieser Arbeit.

1.1 Zielsetzung

Das Ziel dieser Arbeit ist ein kritisches Reflektieren des tiefenpsychologischen Zugangs zum Menschen und den dadurch gewonnenen Erkenntnissen. Diese Arbeit versucht die Tiefenpsychologie darzustellen und ihre Eignung für verschiedene Fragestellungen prüfend aus der Sicht des Verfassers zu betrachten. Schwerpunkt bei Betrachtung und Analyse ist die Relevanz für die wirtschaftliche Praxis.

1.2 Vorgehensweise

Nach einem komprimierten Überblick über die Tiefenpsychologie werden Anwendungsmöglichkeiten sowie Auswirkungen in der realen Welt betrachtet. Grenzen und Alleinstellungsmerkmale tiefenpsychologischer Betrachtungsweisen ergeben schlussendlich das Fazit aus Sicht des Verfassers.

1.3 Abgrenzung

Nicht Bestandteil der Erwägungen sind Ansätze der Bewusstseinspsychologie sowie die akademische Wirtschaftspsychologie oder spirituelle Zugänge, wenngleich diese auch an manchen Stellen Erwähnung finden. Aus Platzgründen ist in dieser Arbeit auch nicht die Intention sämtliche Schulen und deren detaillierte Errungenschaften und Forschungsgebiete der Tiefenpsychologie umfassend darzustellen, sondern den Schwerpunkt im anwendungsorientierten wirtschaftlichen Kontext zu bilden.

2. Die Tiefenpsychologische Analyse

Psychologische Betrachtungsweisen, welche Prozesse im Unbewussten Teil der Psyche als wesentlich für die Erklärung von Handlungen oder dem Erleben des Individuums heranziehen, werden unter dem Übergriff Tiefenpsychologie zusammengefasst. Wissenschaftliche Disziplinen müssen empirisch belegt sein und falsifizierbare Hypothesen und Theorien aufstellen können und genau dort ist der tiefenpsychologische Boden dünn. Allerdings erzeugen Psychotherapien nachweisbare Veränderungen im Gehirn, z.B. im limbischen System. Zelluläre Stressoren können bei einer Gruppen von Proteinen, den sogenannten Chaperonen, eine Funktionsänderung auslösen welche dann die Zellstruktur im Gehirn sichtbar verändert. (Rohkamm und Güther, 2009, S. 68). Zelluläre Stressoren können u.a. psychologische Affekte oder emotionale Konflikte sein (Rohkamm und Güther, 2009, S. 410).

Im Wesentlichen existieren unter dem Sammelbegriff der Tiefenpsychologie drei Schulen mit verschiedenen Persönlichkeitsmodellen.

2.1 Die Psychoanalyse

Sigmund Freud, Begründer der Psychoanalyse, gilt als Pionier auf dem Gebiet der Tiefenpsychologie und war von der Existenz des Unbewussten unter anderem durch posthypnotische Suggestion sowie die „Freud´schen Fehlleistungen" überzeugt. (Vgl.Freud, 1915, S. 127 ff.). Er postulierte, dass der Prozess der Verdrängung, der allen tiefenpsychologischen Schulen innewohnt, Inhalte vor der Bewusstwerdung abhält und sie ins Unbewusste verbannt. Freud entwickelte das bekannte Strukturmodell der Psyche, welches aus dem *Ich*, dem *Es* und dem *Über-ich* besteht. (Vgl. Freud, 1923, S288. ff.). Im *Über-ich* liegen verinnerlichte Werte und Gesetzmäßigkeiten, welche beispielsweise durch Erziehung oder Interaktion mit der Gesellschaft gewachsen sind. Das *Es* wiederum ist Heimat der Triebe und Bedürfnisse im Unbewussten, welche je nach Impuls das Handeln beeinflussen und nach dem Lustprinzip funktionieren. Das *Ich* steht gewissermaßen zwischen *Über-ich* und *Es* und interagiert bewusst mit der Außenwelt. Es hat dort prinzipiell die Aufgabe auftretende Spannungen oder konflikthafte Antriebe auszugleichen.

2.2 Die analytische Psychologie

Die analytische Psychologie wurde von Carl Gustav Jung am Anfang des 19. Jahrhunderts entwickelt. Auffälliger Wesenszug der analytischen Psychologie ist die Erweiterung des Unbewussten. Während Freud verdrängte Inhalte des Bewusstseins im Unbewussten ansiedelte, erweiterte Jung diese Inhalte um das „kollektive Unbewusste". Damit sind Muster gemeint, welche alle Aspekte des Lebens beeinflussen und durch Vererbung weitergegeben werden. Diese Muster, sogenannte Archetypen, sind nicht direkt beobachtbar und treten nur als Auswirkung in Erscheinung. Um der Theorie des „kollektiven Unbewussten" nachzugehen, unternahm Jung ausgedehnte Expeditionen nach Afrika und zu Indianerstämmen in die USA. (Jaffé, 2011, S. 242 ff.).

2.3 Die Individualpsychologie

Alfred Adler, wie Carl Gustav Jung ehemaliger Schüler Sigmund Freuds, stellte mit seinem Ansatz der Tiefenpsychologie eine weitere Perspektive parallel dar, in der ein ganzheitlicher Blick auf das Individuum vorherrscht. Als bedeutsam sieht Adler nicht wie Freud den Sexualtrieb, sondern eine „objektive Minderwertigkeit", entweder ausgelöst durch eine „Organminderwertigkeit" oder der Tatsache, dass Kinder und Säuglinge den weiterentwickelten Erwachsenen unterlegen sind. Dieses Minderwertigkeitsgefühl wird durch die Entwicklung eines Gemeinschaftsgefühls, das horizontale Streben, oder durch Erlangung von Macht, Geltung und Überlegenheit, dem vertikalen Streben, kompensiert. (Rattner, 1974, S. 14 ff.). Als weiteren Unterschied zu anderen Schulen, welche eine kausale, in die Vergangenheit gerichtete Betrachtung beinhalten, hält Alfred Adlers Individualpsychologie eine finale, zukunftsgerichtete Perspektive entgegen und möchte nicht „ein ausgeklügeltes Mosaik zusammensetzen, sondern die Einheit der menschlichen Person betonen". (Rattner, 1974, S.15).

3. Praktische Relevanz im wirtschaftlichen Kontext

Im Folgenden sollen einige Bereiche der realen Wirtschaft unter tiefenpsychologischer Perspektive betrachtet werden. Aus Platzgründen beschränken sich die Darstellungen kurz und aus lediglich einem

Betrachtungswinkel. Die Kurzanalysen erheben nicht den Anspruch auf Vollständigkeit oder Objektivität und sind exemplarisch zur Demonstration der Anwendbarkeit der Tiefenpsychologie aus Sicht des Verfassers gedacht.

3.1 Finanzmärkte

Die Schwankungen von Aktienkursen sind größer, als es mit dem Modell des homo oeconomicus erklärt werden kann. (Shiller, 1981). Dies impliziert, dass Emotionen die Bildung von Aktienkursen massiv beeinflussen und somit auch zur Abkopplung der Preise jenseits gerechtfertigter Daten unterstützen, wie es beispielsweise bei der Technologieblase der Fall war.

Um einen Erklärungsansatz zu bekommen, wie die Emotionen hier ins Spiel kommen, eignet sich Freuds Instanzenmodell der Psyche:

Die Marktteilnehmer sehen die Chance auf potentielle Gewinne und reizen damit das *Es*, welches nach Freude, Sexualität und Eroberung strebt. Das *Es* drängt daraufhin zur Bedürfnisbefriedigung. Möglicherweise reagiert jetzt das *Über-ich*, welches Gier missbilligt und Risiken ausschließen möchte. Denkbar wäre auch, dass die *Über-ich*-Strukturen schon aufgeweicht und marode sind vor dem Hintergrund vieler Verfehlungen prominenter Repräsentanten der Gesellschaft. Das *Ich* könnte sich als Abwehrmechanismus gegen Ängste aus dem *Es* nun mit Menschen identifizieren, welche ihre *Es*-Anteile erfolgreich ausleben oder anderweitig Ängste und Einwände entkräften und somit *Es*-gesteuert sowie risikoaffin die Kurse befeuern, was die Dynamik der Entwicklungen erklären kann.

3.2 Sozialverhalten in Unternehmen

Im unternehmerischen Kontext begegnet man einer großen Bandbreite von Persönlichkeiten und Führungsstilen. Kurt Lewin entwickelte beispielsweise die klassischen Führungsstile des autoritären, kooperativen sowie laissez-faire geprägten Führungsstils. Was aber treibt autoritär agierende Menschen an? Welche Motivation haben kooperativ eingestellte Führungspersonen? Wie lässt sich erklären, dass aus Karrieregründen die Gesundheit dem Arbeitsvolumen untergeordnet wird? Eine sinndeutende Auseinandersetzung mit diesen Fragen bietet das Menschenbild der Individualpsychologie:

Jedes Individuum erlebt hierbei seine objektive Minderwertigkeit (siehe 2.3) und bildet dadurch Minderwertigkeitsgefühle aus. Da im Menschenbild der Individualpsychologie keine Ausnahmen definiert sind ist anzunehmen, dass sich jeder Mensch kompensatorische Verhaltensweisen aneignet.
Wie in 2.3 erwähnt, nennt Adler das horizontale und vertikale Streben zum Ausgleich des Minderwertigkeitsgefühls. Es ist davon auszugehen, dass sich das Gemeinschaftsgefühl umgekehrt proportional zum Machtstreben verhält, (Rattner, 1974, S.34 ff.) was sich als Beispiel im Zusammenhang mit dem Führungsstilen folgendermaßen darstellen lässt:

 ←vertikales Streben   horizontales Streben→

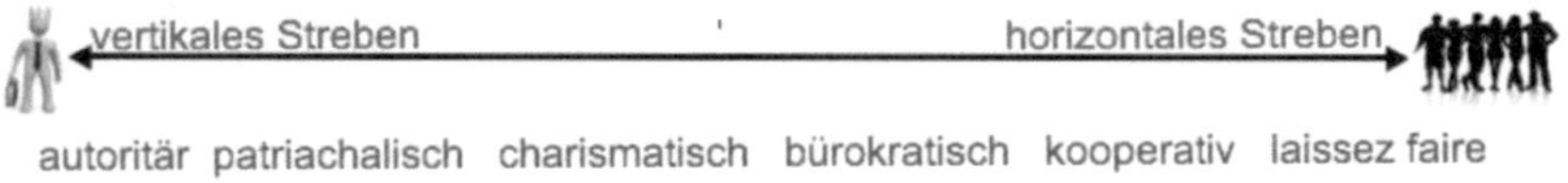

autoritär patriachalisch charismatisch bürokratisch kooperativ laissez faire

Abbildung 1: Zusammenhang Führungsstile und Kompensation. Quelle: Eigene Darstellung.

In diesem Rahmen lassen sich auch extreme Ausprägungen von Arbeitseifer oder Karrierestreben erklären. Im Modell der Individualpsychologie Alfred Adlers ist das die Überkompensation. Diese Überkompensation ist nach Adler beispielsweise verantwortlich für die überragenden Leistungen z.B. von Beethoven oder Smetana. (Rattner, 1974, S.22 ff.).
Mit diesen Überkompensationsprozessen lassen sich auch herausragende Leistungen von Menschen begreiflich machen, die gerade für die entsprechende Leistung nicht geeignet scheinen. So qualifizierte sich beispielsweise die beinamputierte Schwimmerin Natalie du Toit für die Olympischen Spiele. (rp-online, 2008[1]).

3.3 Unternehmen und Produkte
In der Landschaft der Marken, Unternehmen, Organisationen und Produkte trifft man immer wieder auf erstaunlich positionierte Exemplare. Manche werden sofort vorteilhaft assoziiert und erstaunlich gut erinnert. Dieser „Markenrecall" ist

---

[1] http://www.rp-online.de/sport/olympia-sommer/beinamputierte-qualifiziert-sich-fuer-olympia-aid-1.1646128 [15.12.2015]

Voraussetzung zur Entwicklung eines klaren Images. Zum Beispiel denken Verbraucher bei Pflegeartikel meist sofort an Nivea und assoziieren Hautfreundlichkeit. (Vgl. Ludewig, 2006, S.95). Hier erreichen die Marken also unsere unbewussten Überzeugungen und steuern unser Verhalten. Warum entwickeln Menschen eine solche Markenpräferenz und bauen kulturübergreifend starke Beziehungen zum Produkt oder Unternehmen auf in Zeiten extremer Angebotsüberhänge und Werbebotschaften? Antworten diesbezüglich lassen sich finden mit der Theorie der Archetypen von C.G. Jung:

Laut C.G. Jung sind Archetypen Sinnbilder tiefer menschlicher Überzeugungen. Gibt es Unternehmen, welche für sich oder ihr Produkt willentlich oder intuitiv unabsichtlich den „Sog" eines Archetypen nutzen? Archetypische Muster sind leichter zugänglich für unser Unterbewusstsein. Ein Blick auf erfolgreiche Unternehmen lässt dies vermuten. Nachfolgende Tabelle zeigt die beispielhafte, vereinfachte Zuordnung von Archetypen zu den zehn wertvollsten Marken 2015. (vgl. Interbrand, 2015[2]).

Rang nach Marktkapital	Transportierte Eigenschaften in Werbung und Wahrnehmung	Möglicher Archetyp(en)
1. Apple	Sanft rebellierend, nicht konform, originell,	Der Schöpfer, Der Rebell
2. Google	Neugier, Schlichtheit, Geselligkeit, Wissen	Der Weise, Der Narr
3. Coca-Cola	Zufrieden, glücklich, geborgen, Spaß	Der Fürsorgende
4. Microsoft	Macht, Kontrolle, Funktionalität, Sicherheit	Der Herrscher
5. BM	Kompetenz, Sicherheit, Status, Wissen	Der Herrscher, Der Schöpfer
6. Toyota	Abenteuer, Neugier, Technik, Begeisterung	Der Magier
7. Samsung	Know How, Leistung, Kompetenz	Der Schöpfer, Der Herrscher
8. McDonalds	Fürsorge, Herzlichkeit, Lebensfreude	Die Mutter, Der Fürsorgende
9. Amazon	Zuverlässigkeit, Kontrolle, Versorgung	Die Mutter, Der Fürsorgende
10. BMW	Erfolg, Leistung, Fahrspaß, Wettkampf	Der Krieger

Tabelle 1: die zehn erfolgreichsten Unternehmen 2015. Quelle: Eigene Darstellung.

Betrachtet man beispielsweise Apple genauer wird deutlich, wie detailliert hier auf der Klaviatur des Archetyps gespielt und sämtliche Marketinginstrumente stimmig

---

[2] http://interbrand.com/best-brands/best-global-brands/2015/ranking/ [04.12.2015]

feinjustiert werden. Innovation, Kreativität und Originalität sowie sanfter Widerstand gegen das Establishment wird in den Produkten, dem Marketing, den führenden Köpfen und im Design, vor allem dem weltbekannten Logo, widergespiegelt. Das sich Apple der Wirkung des Logos völlig bewusst ist, lässt die Evolution desselben erahnen.

Abbildung 2: Die Evolution des Apple Logos. Quelle:www.macworld.com

4. Fazit

Der tiefenpsychologische Blick zeigt tiefe Zusammenhänge und Perspektiven auf, die bewusstseinspsychologisch nicht beobachtbar sind. Der große Interpretationsspielraum tiefenpsychologischer Diagnosen erschwert allerdings das Erstellen von Lösungsansätzen.

Neue Entwicklungen wie beispielsweise der an der Börse im Millisekundentakt handelnde Computer verlangen möglicherweise tiefgreifende Veränderungen in Entscheidungsstrukturen und moralisch-ethischen Standards. Tiefenpsychologische Modelle mögen Fehlentwicklungen theoretisch erklären können, bieten jedoch keine Alternativen.

Hier gilt es progressive wirtschaftliche Konzepte zu entwerfen, welche an die Gesellschaft angepasst sind statt umgekehrt. In momentaner Konstellation treffen begrenzte Ressourcen auf Finanzmärkte, welche Spekulation in unvorstellbaren Dimensionen ermöglichen und von einem Zinssystem angefeuert werden, welches Geld horten belohnt und Vermögen exponentiell wachsen lassen kann. Die Konsequenzen reichen von ökologischen Schäden durch Brandrodungen über inhumane Geschäftspraktiken wie beispielsweise Waffenlieferungen und Getreidespekulationen bis zu sozialen Schieflagen durch Verarmung ganzer Bevölkerungsschichten.

Um Geist, moralisch-ethische Standards und wirtschaftliches Instrumentarium aufeinander abzustimmen muss dementsprechend auf weitere Konzepte und Perspektiven wie z.B. der „achtsamen Wirtschaft" zurückgegriffen werden.

5. Literaturverzeichnis

Freud, Sigmund, 1915, "Das Unbewusste". In: Psychologie des Unbewussten, Studienausgabe. Frankfurt am Main, Fischer.

Jung, Carl Gustav, 1907 "Reisen". In: Aniela Jaffé, A., 2011. Erinnerungen, Träume, Gedanken. Ostfildern, Patmos.

Ludewig, Dirk, 2006. Markenlizenzwert: Charakterisierung und Ebenenbetrachtung unter besonderer empirischer Berücksichtigung von markenlizenzspezifischen Rückwirkungen, 1. Aufl. ed. Cuvillier, Göttingen, Cuvillier.

Rattner, Josef, 1974. Die Individualpsychologie Alfred Adlers: Einführung in die tiefenpsychologische Lehre von Alfred Adler, Ungekürzte Ausg., 3. Aufl. ed, Kindler Taschenbücher Geist und Psyche. Kindler, München.

Rohkamm, Güther, M., 2009. Taschenatlas Neurologie, 3., vollst. überarb. Aufl. ed. Stuttgart, Thieme.

Internetquellen

rp-online, (2008): Langstreckenschwimmen ohne Prothese: Beinamputierte qualifiziert sich für Olympia, in: rp-Online, online unter URL:
http://www.rp-online.de/sport/olympia-sommer/beinamputierte-qualifiziert-sich-fuer-olympia-aid-1.1646128
[Letzter Zugriff 12.12.2015]

Robert, J, Shiller., (1980). Do Stock Prices Move Too Much to be Justified by Subsequent Changes in Dividends? In: Economic Association, online unter URL: https://www.aeaweb.org/aer/top20/71.3.421-436.pdf
[Letzter Zugriff 06.12.2015]